No me mires a los
ojos,

¡mírame el alma!

20 cartas para mamá

Julieta Ax

Título: No me mires a los ojos, ¡mírame el alma!

Copyright © 2022 Julieta Ax

Todos los derechos reservados.

Imagen de portada: Laura Marostegan

ISBN: 9798362215941

Sello: Independently published

¿Qué se esconde tras nuestra mirada? Te invito a mirar
nuestra alma desde adentro.

Para mi mamá, que siempre me quiso tal como soy.

ÍNDICE

Prólogo

Muchos siguen difundiendo la gran mentira, de que todos los autistas no tenemos empatía. ¿Acaso los que lo dicen nos están mostrando empatía?

No hace falta empatía para entender a personas que son iguales a uno. La mayoría de las personas se entienden bien únicamente porque su cerebro funciona igual.

Nosotros sí necesitamos empatía. Si no tuviéramos empatía, entonces creo que ni siquiera podríamos sobrevivir en este mundo donde la mayoría de las personas son tan diferentes a nosotros. Cada día tenemos que usar toda nuestra energía para intentar entenderlos, hacer lo que quieren, actuar de la "manera correcta" según su perspectiva. No lo hacemos perfectamente, pero lo hacemos mucho mejor que ellos mismos cuando tratan de mostrarnos empatía.

Si no pueden mostrarnos empatía, esperamos que no nos juzguen por no lograr hacerlo como quisieran.

Mucho se ha escrito sobre el autismo por personas que no lo tienen. Espero en este libro mostrar lo que de verdad sentimos. Quiero que vean cómo nos sentimos cuando las personas creen que no sentimos nada.

La historia se trata de 20 cartas escritas por un joven con autismo, dirigidas a su mamá. Como me expreso mejor mediante la poesía, las cartas tienen mi lenguaje poético; mi poesía en verso libre.

Carta 1

hoy te vi llorando escondida
siempre te veo llorando escondida

y es que la casa se hace pequeña
para tanto llanto

la casa se hace pequeña
para tanto dolor

y me duele más de lo que crees
siempre me duele mucho más de lo que crees

porque te niego un abrazo
y se te acaba el mundo

no quiero que me beses
y tu corazón se rompe en dos

¿acaso crees que me gusta verte así?

y es que no tienes mi piel
no sientes mis ganas de huir lejos
cada vez que cualquier persona se acerca
cada vez que un simple cariño me corta
lastima
daña

pero no creas que no veo tus ojos tristes
que no leo tu mirada angustiada

te veo
me percato de ello

y se me derrumba el mundo
sin saber cómo armarlo más

ojalá mi amor por ti fuera suficiente
ojalá mi obediencia fuera suficiente
ojalá leyeras mi alma
antes de volver a decirme que no te quiero

porque te quiero
y si dices que no...

si dices que no
siento que soy la peor persona del mundo

entonces me encierro
para no dañarte más

me callo
para que mis palabras no sean malinterpretadas
como mis reacciones lo son

te amo mamá
créeme una vez más

te amo mamá
deja que mis versos sean mi cariño
deja que mi poesía sea la canción que te limpie las lágrimas

créeme
aunque no te pueda mirar

créeme
aunque necesite espacio
y lo necesite vacío hasta de ti

y es que a veces necesito silencio
para destruir mi caos

necesito soledad
para reconstruirme un poco

prometo estar a tu lado aun cuando todos te dejen
prometo estar al otro lado de la puerta
cuando te encierres otro día
para llorar sola
por el daño que te volveré a causar

sin querer

Carta 2

hoy nos invitaron a comer
yo tenía miedo
tú también
¿verdad?

solo por eso no quería ir
porque entiendo tu dolor
porque me duele tu dolor
porque sufro tu mismo sufrir

sabía que podía no gustarme la comida
sabía cómo me mirarías
sabía cómo te daría vergüenza mis reacciones

¿crees que me encanta ser como soy?

sufres
y crees que eres la única en sufrir

sufres
y crees que me encanta ser así

y es que llego al límite de lo que puedo soportar
hago mi más grande esfuerzo
y nunca es suficiente

¿por qué nunca es suficiente?

decir que no me gusta algo
sabiendo que prepararon especialmente para mí
es la tarea más difícil que me exigen
es lo peor que me pudiera ocurrir

pero no tengo otra salida

porque mis papilas gustativas no obedecen mis órdenes
como las tuyas lo hacen

mi lengua no acepta lo que mi cerebro rechaza

porque un millón de sabores corren por ellas
sabores que nadie más siente
gustos que ni siquiera puedo explicar

las texturas de los alimentos se transforman en torturadores
y ni todo el amor que tenga por ti
ni toda la bondad que tengo por los demás
es más grande que lo que siento

hice mi máximo

nunca dudes de que hice mi máximo esfuerzo

y mientras quiero llorar
mientras me duele el alma por no poder hacerlo

me juzgan
me tildan de malo
me dicen mañoso

multiplican mi dolor por mil

¿acaso no me pueden leer el alma?

Carta 3

he llegado de la escuela
y me preguntaste cómo me había ido

¿crees que te lo diré?
¿crees que te quiero hacer más infeliz?

porque si me hablan mal
porque si se ríen de mí
si me dejan solo
o si me miran raro...

no es razón para hacerte triste a ti también

basta solo un corazón destrozado
basta solo un ser incomprendido
basta la soledad solo a mi lado

así que cierro la puerta
me encierro de ti

porque no sabría mentirte
no podría mentirte

es mucho más fácil tragarme solo el dolor
es mucho más fácil dormir toda la tarde

mientras poco a poco mi cerebro se reconstruye
para volver a derrumbarse

porque no importa lo que me digas
no importa lo que hagas
todo seguirá igual

yo sé muy bien que todo seguirá igual

cómo explicarte cosas sin sentido
cómo compartir contigo cosas que ni yo puedo entender

no me pidas eso

no me ayudarás así

regálame mis silencios necesarios
muéstrame cómo volver a sonreír
volver a empezar

pero deja el pasado borrarse solo
deja mis problemas en el escondite donde los guardé

y me verás mucho más feliz que ahora

ahora que escucho tus gritos en mi puerta
ahora que insistes en preguntarme cómo estoy

no hace falta esa pregunta para que yo sepa que me amas

y sepas que te amo

te amo aun cuando te niego el paso
a mi llaveado mundo
a mi universo aparte

Carta 4

casi siempre mi rostro no transmite lo que siento
y ayer
ayer sé que eso pasaba
y me dolía visualizarme a mí mismo
sin siquiera saber qué pensaban realmente de mí
qué pensabas realmente de mí

porque la película llegó al triste y esperado final
mientras los ojos de todos ustedes
se derretían en lágrimas

creían que yo no sentía nada
pero sí sentía

dentro mío mi corazón dolía
créeme
me dolía

pero
¿cómo podría llorar yo
al ver un actor fingiendo de muerto?

cómo podría hacerlo
si hoy mismo no he llorado
aun sabiendo de que a cada cinco segundos
alguien se muere de hambre
mientras nosotros comemos tranquilamente

no
yo no lloro por una historia irreal

pero no quiere decir que no me duela

me duele que no lloren por cosas reales
me duele que no piensen en lo que sucede a nuestro
alrededor

pero no creas que no tengo corazón

nunca más creas que no tengo corazón

tú misma me lo regalaste
con tu sangre
con células que vinieron de ti

corazón que amo
como te amo mamá

Carta 5

perdóname por gritarte
no te quise hacer daño

lo que pasa es que mientras dormías
estuve despierto

como casi todas las noches
abrazando el insomnio
ahogado en insomnio

porque mientras tu cerebro se apaga
el mío se enciende

mientras el silencio envuelve el mundo
pensamientos infinitos aturden mis neuronas

y me quedo mudo
intentando no despertar a nadie

me quedo solo conmigo mismo
y con el cansancio que me mata

al otro día me despiertas
sin saber lo poco que he dormido

quieres que me pinte una sonrisa
que dé buenos días al mundo
sin saber cómo quiero volver a mi propio planeta
y no despertar jamás

perdóname por gritarte una vez más
entiendo lo difícil que es tenerme paciencia

porque yo mismo
no tengo

porque yo mismo
también estoy harto de mí

Carta 6

no te preocupes de que yo esté triste
luego me hace falta muy poco para estar feliz

pero a veces mi mundo se derrumba
a veces mis neuronas y yo peleamos
y los dos perdemos
siempre perdemos

a veces hacen falta lágrimas
para volver a sonreír

lágrimas de verdad
de esas que no sabes que caen
de esas que nadie ve caer

si me enojo porque me hablas
si no acepto tu ayuda

ten paciencia

no siempre un día me basta
para estar bien

para mirar más allá de las nubes negras
para ver el sol

pero te aseguro que pronto todo estará bien

Carta 7

sé que te dejo sola más de la cuenta
por mi maldita obsesión

pero no es controlable
no puedo manejarla

necesito un escape de mi propia mente
necesito algo que no me deje pensar en nada más

y me vuelvo adicto a este respiro
a la calma que me produce
a la paz que me da

por eso no siempre te escucho cuando me hablas
no siempre quiero dejar todo por estar cerca de ti

me quedo en mi mundo
para sobrevivir al tuyo

me encierro en lo que más amo
tratando de que en mis venas corra tranquilidad

no te odio

yo te amo

pero no intentes quitarme lo que más me deja feliz

no me obligues a abandonar mi refugio
en medio de esta tormenta llamada vida

acompáñame un poco
acércate más a mí
no me dejes

necesito coleccionar sonrisas
para cuando me hagan falta

pero las sonrisas más lindas
son las tuyas

es cuando te veo feliz
con mi felicidad

Carta 8

sé que te preocupa mi futuro
también me preocupo por ello
pero no te inquietes pensando en el día que ya no estés
no quiero que eso te duela a ti

porque te aseguro que saldré adelante solo
aunque no me sea fácil

porque guardo conmigo todo lo que me enseñaste
y lo tendré siempre en mi memoria
así como siempre te tendré a ti

ya no sufras más por un futuro incierto
aprovechemos el presente
¡hoy estás!
¿no es eso hermoso?

Carta 9

a veces me cuesta entender a las personas
siempre me cuesta entender a las personas

y es que dicen cosas que duelen tanto
tan profundo

¿soy yo el que no tiene empatía?

hoy tengo el corazón destrozado
siento que me hundo en un mar
sin salvavidas

¿sabes lo peor de todo?

ni siquiera yo mismo quiero salvarme

hay palabras que me hacen odiarme
odiarme tanto

quisiera desaparecer para siempre

solamente quisiera hoy desaparecer para siempre

no puedo seguir usando mis neuronas en entender a los
demás
nunca lo lograré

tampoco puedo seguir fingiendo que son buenos
y es que siempre vuelvo a confiar en todos
para volver a sufrir
ese remolino de sentimientos que me aplastan

hoy solo déjame con mi silencio
déjame llorar todo este mar que pide a gritos por salir

no necesito nada más que eso
no necesito ni consuelo ni cariño
nada

solo tiempo
solo dame tiempo

Carta 10

gracias mamá...

gracias por esas noches de ojos abiertos
cuando seguías despierta
preocupada por mí

gracias por aprender a usar Internet
solo para entender lo que me pasaba
lo que yo tenía
solo para intentar ayudarme

gracias mamá
por defenderme de las miradas ajenas
de las burlas de mis compañeros
de la ignorancia de tanta gente

gracias
por no desistir de enseñarme
cuando yo mismo desistía mil veces

gracias por llevarme al colegio
por llevarme a pasear
por llevarme a terapias
o simplemente por no llevarme a ninguna parte

siempre hiciste lo que más podías
lo que a veces ni siquiera podías

muchas gracias mamá

gracias por abrochar los cordones de mis zapatos
aun cuando yo ya era grande

gracias por hacer mis comidas favoritas
y no obligarme a comer lo que no me gusta

gracias por contestar todas mis preguntas
incluso cuando las volvía a hacer una y otra vez

y gracias por soportar mis canciones en último volumen
aun cuando yo no soportaba las tuyas

y por no hacer ruido
cuando yo quería dormir

muchas gracias mamá

por tenerme paciencia
mientras yo no la tenía

y tener valentía
cada vez que fui un cobarde

no necesité gritar tu nombre
porque siempre estuviste cerca
gracias mamá

gracias por hablar con mis profesores
tantas veces seguidas
y por amar mis diferencias
aunque no siempre fue fácil hacerlo

gracias por darme la vida
y valorar mi vida
como un tesoro
como un regalo

te amo por siempre

¡gracias por existir!

Carta 11

sé que mi altura te dice que soy mayor
mi voz te cuenta mi edad
y mi pensamiento lógico expresa madurez

sé que desde hace mucho no me dicen niño
y todos se percatan de mi locura

pero no creas lo que mi espejo te habla
no cierres los ojos para mi realidad

aquí con mis neuronas
todo sigue igual que antes
con los mismos gustos infantiles
con casi todos los mismos miedos ocultos

sí

porque mitad de mí sigue adelante
pero la otra mitad no crecerá jamás

así que no malinterpretes mis dibujos
no me retes por los juguetes que aún guardo
no esperes que sepa ser adulto
porque las responsabilidades pueden pesar más que mis
músculos
y me agoto en esta vida que aún no aprendí a vivir
en este lugar donde todavía no sé caminar
escuchando este idioma que no tengo idea del significado

aún necesito de tus manos
para levantarme cuando me derrumbo

aún necesito de tus lentes mágicos
para hacerme ver en medio de mi oscuridad

no esperes de mí lo que esperas de los demás
espera lo que puedo dar
sin agotarme hasta el alma misma
sin morirme en el intento fallido

tenme paciencia mamá

y prometo llorar un poco menos

en esas noches insomnes que siguen persiguiéndome

como siempre estuvieron

atragantadas en estas pupilas de un niño
que de pronto tiene cara de adulto

un niño que nunca quiso
un día ser adulto

Carta 12

hoy amanecí feliz
¿quieres compartir esta felicidad conmigo?

te invito un helado
si me das diez razones que tienes para ser feliz también

pintemos el mundo con nuestra alegría

te quiero mamá

te quiero para siempre

no llores nunca más
no llores por mí

nunca más

Carta 13

quisiera que junto a mi cerebro
me hubieras dado un botón de apagado
para días como estos

tan complicados
tan incomprensibles
tan raramente inexplicables

a veces despierto y todo me parece difícil
como si se tratara de muchos problemas matemáticos
sin solución
siempre sin solución

invítame un poco de tu calma
para refrescar mi alma

ayúdame a huir de este laberinto

regálame una carta con sonrisas insertadas
con abrazos de papel y tinta
con tranquilidad en forma de palabras

por favor
ayúdame a soportarme
a soportar otro día más
esta confusión

esta terrible confusión

Carta 14

hoy me he preguntado qué se siente tener un amigo
porque cuanto más trato de acercarme a las personas
más ellas se alejan de mí

y es como un juego de mal gusto por intentar ser normal

juego que siempre pierdo

hoy me he preguntado qué se siente tener un amigo
porque las cosas parecen más interesantes
cuando uno las puede compartir con alguien más

y es como golpearme contra puertas cerradas
caras cerradas
mundos opuestos al mío

ayúdame
no me ayudes a ser quien no soy

ayúdame a que me quieran
aun así

porque la soledad se ha sentado a mi lado
y no me gusta cómo me mira

nunca me gusta cómo me mira

Carta 15

de repente tengo miedo de tantas cosas
entre ellas tengo miedo de mí mismo

tengo miedo de no soportarme más
y desistir de mí
así como tantos han desistido

de pronto me transformo en la persona más cobarde de
todas
porque los primeros pasos siempre son los más difíciles
y en mi caso
los segundos y terceros de igual manera siguen siéndolo

por eso me verás peleando contra muchas cosas

no te preocupes
es mi manera de obligarme a hacerlo
mi manera de saltar a este precipicio que se llama vida real

quédate tranquila
he leído que uno siempre puede más de lo que uno cree
poder

al final
aunque me duela hasta el alma
caminaré

al final
aunque me rompa en mil pedazos
aprenderé cómo caminar

Carta 16

cuando algo no me gusta
me cuesta muchísimo trabajo hacerlo

no es cuestión de ser flojo
no es cosa de no esforzarme

pero siento que desperdicio mi tiempo
y eso me angustia muchísimo

siento que desperdicio mi vida
y es casi la sensación de morir

así que tenme más paciencia

cuando pongo esa cara horrible
cuando ni siquiera te quiero contestar
cuando cambiaría todo solo por dormir

dame un premio extra por hacerlo
o enséñame la importancia de ello

porque siempre odio hacer lo que no me gusta
y últimamente la lista de cosas que me gustan
se achica más y más

perdóname mamá
pero de verdad se achica más y más

Carta 17

sé que me desespero por tan poco
pero si tuvieras mis neuronas
sabrías cuan grandes son esos pocos

porque una gota de injusticia
me parece un océano completo

un acto injusto
es más que una bomba nuclear

y duele...

y me angustia que las personas sean así
y que el mundo sea así
y que yo no pueda hacer nada para evitarlo

no me pidas que cierre mis ojos
que duerma tranquilo
que simplemente olvide

no me pidas que ignore lo que pasa
que acepte esa tragedia
que no reaccione así tan mal

me es imposible

es imposible dejar de hablar del tema
dar mil vueltas al asunto
terminar generalizando todo

no es agradable
pero no puedo luchar en contra de eso

tengo en mi cerebro una pesa exacta
y me molesta ser el único que desea usarla

¿acaso la justicia es algo malo?

Carta 18

a veces mi cerebro me repite mil veces que no valgo nada
y como si se tratara de una lista
me acuerdo de cada cosa que hice mal

en toda mi vida

y odio cada pedazo de lo que soy
de lo que fui
incluso de lo que seré mañana

llego a dudar de si merezco estar vivo
porque siento que soy un montón de basura

solo un montón de basura inservible

a veces mi consciencia me molesta incluso antes de
equivocarme
como si ya lo hubiera hecho
como si en todo el planeta
en todo el universo
yo fuera el peor de todos los seres humanos

y lloro
aunque no me puedas ver llorando

lloro
con la oscuridad de la noche
y con el silencio de mi habitación

silencio que me repite tantas cosas horribles sobre mí
silencio tan creíble

por eso ayúdame a ver las cosas como realmente son
muéstrame el espejo correcto
cuando el mío me engaña

cuando el mío me golpea tan fuerte que me quedo casi sin
voz
casi sin vida

dame todas las razones de porqué aún me quieres
dame todas las razones posibles de porqué
yo también debiera de quererme

Carta 19

sé que muchas veces reclamo de todo
realmente de todo

perdóname mamá por hacerlo
una y otra vez

mientras intentas hacer todo por mí
mi reacción casi nunca es como esperas

y no espero
que me entiendas
no espero
que me aceptes así

no creo que soy agradable

y es que casi nada lo es
y me molesta

¿cómo puedo solo cerrar la boca y aceptar?
¿cómo puedo cerrar mis ojos y soportar?

sé que debo ver lo bello que se esconde atrás de todo
pero mi visión a veces se nubla
y el cielo azul se queda detrás de ese mar de nubes negras

no estoy satisfecho
lo sé

pero no es contigo
no es con lo que haces

es con todo

a veces es absolutamente con todo

préstame tus anteojos mágicos
préstame un poco tus pupilas cargadas de positivismo

a veces necesito ser un poco más como tú
y un poco menos como yo

muchísimo menos como yo

solo quédate ahí esperando con paciencia que logre hacerlo

quiero hacerlo
te prometo que lo intentaré

Carta 20

no me mires a los ojos

¡mírame el alma!

esa que se esconde detrás de mis pupilas
esa que está tejida en las paredes de mi corazón

no me mires a los ojos

¡quiéreme con los ojos cerrados!

así aun cuando yo no esté a tu lado
me podrás ver

no me mires a los ojos

¡cree que mi amor es eterno!

confía que puedo estar contigo
incluso sin abrazarte

y estaré

porque sé que mi amor por ti es eterno

¡no lo olvides nunca mamá!

¡mi amor por ti es eterno!

Final

Al tener un diagnóstico ya siendo adulta, pasé más de 30 años sin comprender por qué yo era diferente, y sin ser comprendida. Parecer muy normal termina por ser peor en este sentido.

Al momento de entender lo que yo tenía, me puse a estudiar más profundamente el autismo, y al tener el privilegio de conocer muchos otros que tienen lo mismo que yo, pude diferenciar lo que era la personalidad de cada uno y lo que era propio de nuestra condición. Pero de todos modos jamás podemos generalizar lo que sentimos o cómo somos. Cada persona es única.

Muchos padres de personas con autismo me han agradecido por ayudarlos a entender un poco más a sus hijos. ¡Ese siempre fue mi objetivo!

Espero que este libro sea de ayuda para todos, pero principalmente para los padres, que se esfuerzan diariamente por entender a sus hijos y darles el mejor tratamiento que está a su alcance, incluyendo a veces terapias costosas o la lucha por encontrar un colegio que les ayude. Son muchos sacrificios y noches sin dormir, y muchas veces todo lo que necesitan es un abrazo, o palabras que no siempre reciben de parte de sus hijos, o al menos no lo suficiente para agradecerles todo lo que hacen por ellos.

Si eres uno de esos padres, me gustaría que volvieras a leer estas cartas cada vez que la necesites. Espero que ellas puedan confortarles un poco el alma.

Extra: **Historia poética "Perpetua obsesión"**

Perpetua obsesión

"Las ideas fijas nos roen el alma con la tenacidad de las enfermedades incurables. Una vez que penetran en ella, la devoran, no le permiten ya pensar en nada ni tomar gusto a ninguna cosa."

Guy de Maupassant

Prólogo

Samira tenía 14 años cuando le diagnosticaron autismo. Ella siempre fue la invisible de la familia, así que creía que todo seguiría igual. Pero nada siguió igual, porque solo en este momento ella empezaría a conocerse, y todo su sufrimiento se iba a resumir en una sola palabra: ¡OBSESIÓN!

¿Hay algo más terrible que la obsesión? No la controlas. Ella te controla.

Las personas con autismo lo saben. No te lo dirán, pero no tienen duda alguna. No hay mejor (peor) prisión. La obsesión es tu refugio, tu escape, con la misma intensidad que es tu peor pesadilla. Intentas abandonarla, y ella te perseguirá eternamente. Intentas controlarla, y sufrirás las consecuencias de estar en medio de una tormenta sin una protección.

¿Parece terrible? Pues es exactamente lo que es. Y Samira lo supo, desde el principio.

No es una historia real, pero está basada en historias reales de personas con autismo. También incluiré algunas experiencias que pasé durante mi niñez y juventud.

Amiga

alegría inmensa corre por mi corazón
felicidad extrema
sonrisas en mi cara

¡por fin tengo una amiga!
¡por fin las horas en el colegio son más soportables!

le escribí cinco cartas
compré un regalo
dediqué una canción

ayer la llamé tres veces por teléfono

y ya estoy ansiosa por volver a verla

¡tengo tanto para contarle!

sé de memoria todas sus cosas favoritas

y me encanta escucharla
reírnos juntas

creo que nunca más estaré pintada con color tristeza
porque la amistad me ha cubierto de felicidad

y esta noche fue alimento para mi imaginación
corríamos juntas por las calles
escribíamos diarios de vida
cantábamos karaokes
jugábamos a bailar

el mundo amaneció mucho más lleno de colores
el gris se borró de cada nube
de cada rincón

¡soy feliz!

¡soy la persona más feliz del mundo!

agarré la soledad
me despedí de ella
le cerré la puerta

dije que nunca más regresara

no quiero más lágrimas en mis ojos
no quiero más recreos que duran siglos

no quiero vacío
no quiero borrar más palabras de mis labios

desde ahora todo estará bien

de hoy en adelante
todo siempre estará perfectamente bien

Ansiedad

han pasado dos semanas
bañadas en felicidad

felicidad y angustia
felicidad y ansiedad

porque la distancia entre las dos palabras es corta
y me caigo
me resbalo y me dejo caer
en este abismo

este terrible abismo sin final

¿por qué las esperas son tan eternas?

las noches parecen no terminar

de día
el teléfono nunca suena
el tiempo de los demás siempre es corto
demasiado corto como para sobrar una gota para mí

y la abstinencia me corta las venas
me hace sangrar

la presencia es tan buena
me sana
borra mis miedos

pero entonces vuelvo a casa
entonces el colegio va quedando atrás
y mi amiga se va

y una parte de mí se rompe

cada día se rompe

porque quiero eternizar mi felicidad

y no puedo

no puedo

y debo amarrar mis manos
para no llamarla tan seguido
debo cortar mis dedos
para no volver a escribirle a cada cinco minutos

pero no puedo controlar mi cerebro
no puedo

no tengo el botón de apagado

y me duele

me duele

me duele respirar

¿por qué nadie me extraña con la misma intensidad que lo
hago yo?

¿por qué soy tan rara
tan estúpidamente rara?

siento que estoy armando un castillo de cartas
castillo que yo misma derrumbaré al respirar

al respirar a este ritmo agobiante
al respirar con mi locura incontrolable

y quisiera morir hoy

hoy quisiera morir

para dejar de ser esta persona
este pedazo de desastre que nadie nunca querrá

me hundo

me hundo porque no sé nadar

me hundo y nadie me ve
nadie extiende la mano para rescatarme

para rescatarme de mí misma

y sigo invisible

¿acaso no me puedes ver?

No tengo tiempo para ti

creí en la palabra amistad

te juro que creí

parecía real
parecía verdad
sinceridad
eternidad

hasta que se acabó

¿acabó?
¡acabó!

¿acaso existió?

ella solo me dijo:
'demandas mucho tiempo
y no lo tengo'

'no lo tengo para ti'
fue lo que mi cerebro repitió
todo el día
cada uno de los segundos del día

¿ella sabía?
¿sabía que esas palabras me matarían una y otra vez?

no lo creo

ella solo me lo dijo y se fue

se ha ido

de verdad
se fue

y no extraña mis cartas
no extraña mis llamadas
no extraña lo que éramos

¿y qué éramos?

¿amigas?

¿qué sé yo?

para mí era una hermana
para ella ... era el viento que sopla y se va

no tengo respuestas
tengo un rompecabezas

no entiendo nada
y me duele todo

en mis ojos hinchados queda lo que faltó hacer
quedan cosas por hablar
lugares donde ir
felicidad por sentir

y todo el espacio vacío
se rellena con quien juré no volver a ver
se rellena con la soledad

vestida de luto
sentada a mi lado

y la odio

¡la odio tanto!

si antes no podía dormir
ahora me es imposible hacerlo

pienso en todo lo que dije
todo lo que nunca debí decir

pienso en lo que fui
en mi obsesiva amistad

la que me destruye
destruye a todos
me aparta de ellos

y me hace ser loca
y me hace ser torpemente loca

¿qué hago con todos los datos incrustados en mis neuronas?

¿dónde dejo mis sentimientos
pisados
destrozados
rotos?

¿debo matarlos?
¿debo guardarlos?

¿y los recuerdos?

¿y cada una de las inyecciones de felicidad que tuve?

este río de lágrimas no tiene las respuestas correctas
solo preguntas
incesantes y molestas

lloro
lloro
lloro

quiero despertar sin vida

porque la soledad pesa más de lo que puedo cargar

pero miro mi mochila
y la veo metiéndose

y se irá conmigo al colegio

inevitablemente se irá

siempre se irá

porque es lo único que tengo
lo único que resta
después del abandono

Leyendo

fui a la biblioteca para intentar olvidar lo que pasó
y me hundí allí

los libros son un mundo aparte
y me encanta perderme en ellos
volar en ellos
caminar
correr

cada día llevo uno a casa

lo leo sin parar

he leído 10 libros esa semana

encerrada en mi habitación
sentada en un rincón del patio de la escuela
en el bus

de visita en casas ajenas

no puedo parar de leer

los misterios de Agatha Christie me tienen atrapada
es imposible detenerme frente a algo así

por eso duermo muy tarde
por eso despierto atrasada

corro
me canso

leo incluso en medio de las clases
y antes
y después

ya no me percato de la presencia de nadie

el mundo es mucho más fácil así

y las personas me retan por no darles atención
pero cuando quise su atención
me dieron la espalda

y lo único que me molesta es no tener con quien compartir

no tener a nadie para contar
todas las historias interesantes
los lugares donde viajo con mis ojos
los mundos paralelos

pero estaré bien

abrazada a un libro
entre letras y palabras

desconectada de todo
conectada conmigo misma

feliz

pese a todo
nuevamente puedo ser feliz

Vacaciones

empezaron las vacaciones
y en lugar de alegría
tengo pena

porque la biblioteca de la escuela era la única a mi alcance

y ya no la tengo
y me falta todo

porque he leído mis libros mil veces
y no los soporto más

quiero cosas nuevas
y no tengo dinero para comprarlas

todo el tiempo de mis lecturas
está vacío

he llorado tres días seguidos
escondida en mi habitación

sin un escape
desesperada
como si faltara una parte de mí

ahora he vuelto a ver el espacio a mi alrededor
la ausencia de amigos
el silencio

y no tengo ganas de nada

por eso en lugar de vivir
me pongo a dormir

duermo toda la mañana
toda la tarde

y por eso de noche
mis ojos no se quieren cerrar

envuelta en la oscuridad del insomnio
los pensamientos negativos me tienden una trampa

y

c

a

i

g

o

sin fuerzas para luchar

y vuelvo a odiar al mundo
y vuelvo a odiar mi vida

vuelvo a desear a la muerte
como mi único rescate
la única salida

pero una parte de mí persiste en la lucha
 (insistente lucha)
que me tiene exhausta
agotada
destruida

y completamente sola

Él

hace una semana lo vi llegar

el ruido del camión de mudanzas
me despertó temprano
miré por la ventana
y él estaba allí

ohh
no sé definir lo que siento
no sé qué es lo que me hace sentir

no sé su nombre
no sé de dónde vino
no sé mucho
pero sé lo suficiente:

sé que me hace latir fuerte el corazón

y así estuve todo el día
toda la noche
pensando en él

solo una muralla nos separa
y parece un mundo

porque no hay nada más que quisiera hacer
nada más que no sea mirar sus ojos verdes

me pregunto si tiene mi edad
me pregunto si irá en mi colegio después

tengo mil preguntas
mil millones

y todo el día me invade esa ansiedad
porque debo encontrar excusas perfectas para volver a verlo

hoy 'sin querer' dejé caer una pelota en su patio

pero ya no sé más como alimentar mi adicción por él

él ni siquiera me ha mirado
no se percata de mi existencia

me quedé pegada a la muralla solo para escuchar su voz
y me relaja tanto esa melodía
me dejó tan feliz

pero la felicidad dura poco
porque necesito más

mucho más

y no tengo

y esa noche parece no tener fin

tan cerca
y tan lejos de él

Silencio ruidoso

ya sé su nombre completo
nombre que no deja de repetirse en mi cerebro

y me vuelvo loca
sé bien que me vuelvo loca

he entrado a Internet a buscarlo
mi hambre insaciable me atormenta

y es como si él fuera un trabajo de escuela
y yo una alumna dedicada que no se cansa de aprender

cada detalle nuevo que veo
me inyecta una porción de felicidad

y me muero por sentir más
mucho más de esto

sé de memoria todas sus frases de Facebook
y todas sus fotos
sus amigos
su vida

me miro al espejo y veo algo que no entiendo
no me entiendo

no me gusta lo que soy
y no sé cambiarlo

cuánto más deseo olvidarlo
más pienso en él

porque mi planeta estaba vacío
y ahora está lleno

lleno con alguien
que ni siquiera quiere estar

y lo obligo
me adueño de él

porque es como un paisaje hermoso
que miras
y te atrapa
simplemente nunca más podrás irte de allí

'nunca te irás de donde un día fuiste poesía'

es imposible

y él me hace sentir poesía
porque él lo es
y me contagia

y daría mi vida solo para escucharlo una vez más
para mirar sus ojos
para perderme en su sonrisa

pero de nada sirve estar tan cerca
y tampoco me sirve saber todo sobre él

no lo tengo

sigo amarrada de la soledad

en este silencio tan ruidoso

tan ruidoso

Loca por él

ya empezaron las clases
¡y él va a mi colegio!

se sentó dos filas más allá de donde me senté

y no hice nada más que mirarlo

(y es que no puedo controlarme)

pero él habla con todos
menos conmigo

menos conmigo

menos conmigo

y me duele tanto

me duele todo

y no sé si el dolor es más grande
o la felicidad que él me hace sentir
con tan solo escuchar su voz
con tan solo saber que él existe

llego a mi casa
y mi cerebro repite cada maldita palabra que él dijo

una y otra vez

y sé que me estoy volviendo loca
y no puedo hacer nada para manejar esto

cada diez minutos debo entrar en Facebook
para saber si hay algo nuevo en su vida

su vida
que siento como si fuera mía también

porque mitad de mis neuronas tienen su nombre escrito
y quizás cada célula de mi corazón también

¿hay algo más angustioso? (¿maravilloso?)

¡Deja de mirarme!

hoy él se acercó a mí
y mi corazón parecía gritar
los latidos eran más fuertes que mi voz
voz que quedó silenciada
frente a sus ojos

en un instante creí ser
la persona más afortunada del mundo

¡me quería hablar!
¡de verdad él me quería hablar!

y fue entonces cuando todo mi paraíso se quemó
junto con cada célula de mi corazón

fueron las tres palabras más crueles que he oído

y me cortaron como un cuchillo
me quebraron como hoja seca de otoño

y allí me quedé
aplastada
inmóvil
y con un mar de lágrimas en mis ojos

'deja de mirarme' me dijo él

pero escuché mil cosas más

deja de ser loca
deja de quererme
deja de buscarme
deja de conocerme

deja de amar mis ojos
deja de adorar mi voz
deja de existir
deja de ser lo que eres

y al perder mi rumbo
me perdí

todo a mi alrededor desapareció
bruscamente

entonces para sobrevivir
fingí no tener sentimientos
no tener vida
no tener nada

y caminé a mi casa
como si nada pasara

pero pasó

todo pasó

y en esta noche amarga
mientras todos habitan mundos de sueños

yo miro mi sueño
y no lo quiero dejar ir

pero me quiero dejar ir
por esos caminos donde no existe nadie
islas desiertas
planetas distantes

y silencio eterno
absoluto

No me mires a los ojos, ¡mírame el alma!

porque jamás podré entender a las personas
así como ellas jamás me entenderán

Música

me regalaron audífonos
y me sumergí en la música

porque
¿quién necesita personas
si tiene notas musicales?

y no importa si a todos les molesta que ya no los escucho

sus voces no se comparan a la melodía perfecta
precisa
hermosa
que entra por mis oídos ahora

como esta que he escuchado seis veces seguido
solo para volver a sentir esta calma
esta libertad

porque me transporta a otro mundo

mucho más bello
armónico
sublime

donde no escucho mis pensamientos
inquietudes
lágrimas

la música reemplaza todo
y es vida
es aire
es cielo y mar

y busco letras de canciones en Internet
busco traducciones

busco partituras
(por si un día puedo tocar algo)
videoclips

y en el recreo ya no me importa las miradas que me
persiguen
no me importa mi vecino
o mi ex amiga

solo me importa seguir el ritmo
sentirlo dentro de mí

y es que mi corazón bombea música
y mi alma lo es

de noche ella es mi calmante perfecto
de día es la droga que me ha hecho volver a reír
a bailar
a creer en la felicidad eterna

la soledad a veces viene de la mano de canciones tristes
pero me da igual que esté o no

me siento completa
e incompleta

pero siento algo
y eso es lo importante

así que cantaré hasta quedar sin voz
hasta sanar cada herida
hasta pegar cada pedazo roto
de mi corazón

Silencio

hay días como hoy
en los que después de tanta música
solo quiero silencio

silencio total
silencio absoluto

quiero acostarme en mi habitación
oscura y sin ruidos
y dejar que esa calma me calme

pero entonces cuando la melodía se detiene
cuando me dejo inundar de silencio
también me inundo de vacío

y duele
duele sentirse sola

me gustaría que los demás me comprendieran mejor
me gustaría que alguien estuviera a mi lado cada vez que
todo sea oscuridad

porque en este instante
siento como si el planeta estuviera deshabitado
o yo estuviera lejos
lejos de todos
lejos de mí

y extraño lo que sentía cuando tenía una amiga
extraño la felicidad de terminar de leer un libro
extraño el brillo de los ojos de mi vecino

y falta tanto en mí
y sobra tanto por dar

y odio obsesionarme

pero odio mucho más
no tener nada con lo que obsesionar

es una carrera en un círculo que no tiene fin
y en horas como estas
siento que tengo el control
que puedo detener mi cerebro
que lo puedo pausar

y todo parece más fácil

hasta parezco más normal

pero me falta algo
y sé que luego no podré manejar esa falta

y otra obsesión surgirá

siempre surgirá

y entraré en Facebook
y buscaré saber de él
y entraré en la biblioteca
y volveré a leer libros nuevos
y buscaré una nueva amiga
y querré que la amistad sea eterna

¿qué pierdo
si no tengo nada?

si no lo hago ahora
lo haré mañana
lo haré pasado mañana
lo haré el próximo mes

solo es un ingenuo intento para tratar de detener esas lágrimas

antes de que empiecen a caer

justo antes de que empiecen a caer

Ed Sheeran

volví a poner la música a todo volumen
y me calmó el alma

pero escuché unas canciones que no eran buenas
¡eran sublimes!

y fue imposible dejar de escucharlas

entré en Google para buscar todo sobre el cantante
¡y es que Ed Sheeran es lo máximo!

así que me quedé leyendo todo sobre sus canciones
su vida
su país

y busqué las traducciones de sus músicas
los vídeos
las nuevas versiones

porque en mi cerebro
de repente fue tatuado su nombre
y ahora es parte de mi pensar

y lo único que quiero hacer
es hablar de él
escuchar sus canciones
aprender cosas nuevas sobre su vida

y las personas no me ponen atención
¡pero tienen que escucharlo!
¡simplemente tienen que hacerlo!

me duele que mi familia ya no lo quiera oír
y que mis compañeros de colegio me digan fanática

pero es que lo quiero
¡lo amo!

no es posible que no sientan
todo lo que su voz me hace sentir

y odio el mal gusto ajeno
y su incomprensión
odio que no me entiendan
no me apoyen
que no puedan mirar las cosas como lo miro yo

por eso me acuesto entre una mezcla
de felicidad y tristeza

y ya no quiero quitar mis audífonos
para no tener que pensar

y al intentar dormir
se abren las puertas de mi enciclopedia mental
y mi cerebro repite todos esos datos recopilados
una y otra vez
una y otra vez

y me alivia
y me cansa
y me encanta
y me desespera

y vuelvo a cuestionar mi razón
y vuelvo a sumergirme en la locura

que me destruye
sin pausas

¿sin pausas?

Minecraft

hace una semana bajé un juego genial
y es imposible dejar de jugarlo

porque cuanto más creas cosas
más cosas quieres crear

y me dejo vivir en este mundo
y me dejo estar ausente de aquí

cada vez que empiezo a jugar
se calma mi ansiedad
se me llena ese vacío

pero no es suficiente
nunca es suficiente

y quiero jugar toda la noche
y en la escuela
y comiendo

y cuando cierro los ojos
lo único que veo es el juego

y la calma se reemplaza por ansias de volver a jugar
cada vez que debo dormir
y no quiero

porque no quiero
porque no me hace falta

y me retan por eso
y me castigan por eso

sin percatarse
de cómo mis horas han pasado sin angustia

sin soledad
sin lágrimas

quieren quitarme lo único que ocupa este espacio vacío
quieren hacerme escuchar el silencio
quieren hacerme volver a llorar

y lloro
lloro porque no existe un escape correcto
perfecto
aceptable

siempre es mucho
siempre es demasiado

y por eso hoy tampoco puedo dormir

Poesía

hoy en el colegio nos llevaron a la biblioteca
y me volvió el hambre por los libros
y los devoré

todos conversaban
fingían leer

pero yo estaba allí inmersa en todas las letras
era parte de ellas

y entonces surgió un deseo nuevo
una necesidad de escribir

agarré mi cuaderno
y dejé caer en él
palabras que se hicieron versos
versos que se unieron
y se transformaron en poesía

y ya no pude dejar de crear poemas
porque no era cuestión de querer escribir

¡lo hacía automáticamente!

y vi que hacerlo me quitó el dolor
me borró la pena
me alivió el alma

y de este alivio me hice adicta

por eso ya no he dejado de escribir
todo el día escribo

y cuando me acuesto palabras siguen pidiendo por salir

y me levanto con lápiz y papel

porque no puedo negarme a eso

y ahora mil ideas nacen en mi mente

y he decidido escribir un libro
he decidido escribir muchos libros

porque las palabras me sobran
mi corazón sobra
sobra tanto como para llenar el planeta

y lo intentaré

Vacío

duele cada rincón de mi ser
de mi corazón
de mi cerebro

porque ya nada me interesa
ya nada parece tan divertido
tan interesante
tan bueno

y un vacío inmenso me invade

una necesidad constante me rodea

si estar obsesionada me cansa
me hace mal
no tener con qué obsesionarme
me hace peor

siento que estoy flotando en el universo
a miles de kilómetros de cualquier cosa
distante de cualquier persona que me quiera
que me entienda

es el fin

es mi fin

necesito algo
y ni siquiera sé qué es

mi vida parece no tener sentido algún
nada parece tener sentido

y me canso

de sentir algo que no puedo explicar

me canso de ser como soy

y no poder huir de mí misma

Ingenua ilusión

mi vecino vino a pedir azúcar
y de nuevo hizo explotar mi corazón

porque su mirada es tan linda
que me hace borrar cada palabra cruel que me dijo

y su presente amabilidad me confunde
hace salir humo de mis neuronas

¿será que entendí mal lo que dijo?
¿será que era broma?
¿será que me quiere?

mi ingenuidad quizás me ciega los ojos

pero
¿cómo huir de los latidos de mi corazón?

y le he escrito veinte poemas
veinte poemas y una canción desesperada

porque Pablo Neruda es el único que me entiende
que entiende este sentimiento
casi innombrable

es cierto
no lo volví a mirar más

no puedo hacerlo
no puedo ir en contra de lo que me pidió

pero aun así lo pienso todo el tiempo
todo el tiempo
¡todo el estúpido tiempo!

y me empiezo a odiar

empiezo a creerme loca

loca y sola
con esas ideas de niña

niña que busca flores en un desierto
y miradas en rostros indiferentes

rostros que ni siquiera me permiten contemplarlos

y esa noche lo único que contemplo es mi perpetua obsesión

mi desesperada obsesión

que juega a matarme

con dosis de felicidad ilusoria

¿Cuántas veces se puede romper un corazón?

estaba sola en la biblioteca de la escuela cuando él entró

él entró y mi corazón empezó a latir fuerte
mi corazón quería salir de mí
volaba por el universo
mientras yo flotaba en una desordenada felicidad

entonces me quedé escondida en silencio
solo quería oír su voz
(aunque no me hablara a mí)

y fue cuando mi corazón ya roto
pisado
destrozado

volvió a romperse una vez más

una vez más

porque quizás me hacía falta un poco más de dolor

dolor para abrir mis ojos
dolor para matar esa ridícula ingenuidad

y es que su amiga le preguntó acerca de mí
¡acerca de mí!

y mientras mi cerebro esperaba compasión y bondad
recibió lo peor que me pudiera ocurrir

y aún puedo ver su mano derecha girando cerca de su oreja
aún puedo ver como su gesto en símbolo de mi locura les
causaba risa

gracia

¡él lo hizo! ¡él se burlaba de mí!

el mismo ser que tiene el nombre tatuado en mi corazón

el mismo dueño de los ojos que aún me quitan el sueño por las noches

él me ha dicho loca

él se ha reído de mí

y su burla tenía gusto a veneno

veneno que me mata

lentamente

lentamente

con la misma lentitud que logro entender todo esto

¿por qué no logro entender todo esto?

es demasiado humo saliendo por mi cabeza
es demasiado sufrimiento para una persona

y es que solo soy de carne y hueso

sin súper poderes
sin corazones extras para reemplazar los que se destruyen

una y otra vez

una y otra vez

¿cómo resucitar después de semejante muerte?

¿cómo ser fuerte
cuando lo único que te regalan es debilidad?

he desistido de mi existencia
de mi inútil existencia

(pero hasta para esto se requiere valor
valor que no tengo
hoy no tengo)

Estaré bien

cuando creí que ya no soportaba más
cuando llegué a mi límite

agarré papel y pluma
dejé mi alma caer dibujada entre versos

porque los pedazos rotos pueden ser pintados de colores
y transformarse en arte

y seré fuerte
seré fuerte como siempre he sido

no dejaré que las palabras de los demás tengan más fuerza
de lastimarme
que las mías de sanarme

aunque escriba noches enteras
aunque el papel se canse de mí

gritaré en silencio
a la luna
a las estrellas
al océano

mientras yo misma no me abandone
entonces estaré completa

porque no puedo dar la espalda a mí misma
no puedo desistir de mí

y cada poema que nace
me hace un centímetro más fuerte
hace de mi vida
un minuto más soportable

y eso será mi refugio
mis vacaciones
mi respiro

si nadie quiere mi amistad
¡yo sí la quiero!

porque mi felicidad no depende de los demás
solo depende de mí

no puedo cambiar las cosas que me pasan
no puedo cambiar lo que aún me pasará

pero puedo cambiar mi manera de verlas
mi reacción frente a ellas

y mientras esté pintando todo con color poesía
mientras la use como anteojos
para pintar de azul el gris

estaré bien

y solo necesito estar bien

Yo guiaré este barco

ayer decidí ser feliz
y hoy empezaré mi camino a esto

porque conocer nuestras debilidades
es una herramienta
es nuestra herramienta para construir algo mejor

utilizar lo débil
para hacerse fuerte

y hoy quiero que mis obsesiones sean lo mejor que tengo
quiero satisfacción
en lugar de angustia
realización
en lugar de perder el tiempo
en lugar de inutilidad

si lloro
que mis lágrimas se transformen en letras
¡y seré escritora!

si me gusta escuchar canciones
pues intentaré aprender a tocar algo
daré clases de piano
¡enseñaré música!

no dejaré que mi cerebro me atrape
me cierre la visión
me hunda en la ansiedad

si me pierdo en la mirada de mi vecino
aprenderé a dibujar sus ojos
y muchos otros más

y seré artista
¡y viviré del arte!

si no puedo huir de esto
me ataré con cuerdas
y le daré vida
para huir de mi propia muerte

si construyo cosas en Minecraft
¿por qué no ser ingeniera?

algo bueno habrá
por detrás de mi confusión mental

por eso seré yo quien lleve las riendas

seré yo quien guiará este barco
a un puerto más seguro

aun en medio de mis peores tormentas

Encontré mi camino

en mi colegio me invitaron a un concurso de cuentos
y me entregué a mi obsesión
me rendí a ella

¡fue lo más fabuloso que hice jamás!

cada minuto entregado a pensar en letras
cada frase cocida en el papel
me llenaba los ojos con brillo
me llenaba de luz

y escribí tanto cuanto pude
y leí decenas de veces
miles de veces

hasta encontrar la armonía perfecta
la historia ideal
un lugar que me diera seguridad

y fue hermoso
grandioso
magnífico

sentir la felicidad
de estar en el primer lugar
¡yo! ¡con el primer lugar!

y entonces incluso las dos caras que me evitaban
que me odiaban
que me despreciaban

me dieron sus manos para felicitarme

¡a mí!

y encontré mi camino
en medio de mi locura

por fin de algo imperfecto
surgió algo digno de sentirse bien en hacer

y se siente bien

¡Quiero ser escritora!

tengo mi cuento ganador enmarcado en mi pared
¡y es mi tesoro!

porque definitivamente escribir es mi pasión
lo es todo
siempre será

así que me visto con las letras
y veré donde me llevan

no deja de correr tristeza por mis venas
pero ya no la miro
ya no le hago caso

lloro un par de horas
me escondo en música

para luego dejar en el papel mis lágrimas de tinta azul

las leo
las desayuno
almuerzo
ceno

hasta que de pronto ya no existe más dolor

¿hay mejor escape que este?

Mi mundo aparte

encontré wattpad
¡y me encontré!

porque miles de historias surgieron por mi mente
frente al maravilloso mundo de los libros

y es que me encanta la idea de llegar al rincón más distante
del planeta
de que mis versos sean leídos por ojos tan lejanos
tan desconocidos

y entonces me vi atrapada en esto
porque es como un mar azul
y si empiezas a nadar
es imposible dejarlo

así que me entregué a las letras con un hambre voraz

mi corazón se cansaba entre alegría y ansiedad

lo nuevo me emociona
me hipnotiza
me vuelve loca

y me volví una escritora loca

¡sí!

¡de verdad soy escritora!

pero no dejaré que mi escape siga siendo mi prisión
no me entregaré por completo a mi maldita adicción

¿por qué lo que me gusta se vuelve irremediablemente
adictivo?

debo encontrar un equilibrio entre la vida virtual y la real
porque dejo de existir aquí
para habitar mundos que me devuelven la paz

pero el reloj sigue corriendo donde pisan mis pies
donde corre el aire que respiro
donde la tierra gira

así que respiro hondo
dejo mis ideas en espera

para no perder lo que me rodea
los que me rodean

y me cuesta un mundo hacerlo
me cuesta tanto que a veces duele el alma

pero debo ser dueña de mi cerebro
 (al menos debo intentarlo)

Hay días…

hay días en los que soy débil
y otros que soy fuerte

cuando soy débil
mi mundo se derrumba
y lloro lágrimas
(lágrimas saladas en el papel)

hay días que me canso de todo
y hay días que me obsesiono con todo

hay días que no veo las horas pasando
no veo que el sol ya se fue
no veo la luna alumbrando

porque entro en mi planeta
entro con una hamaca en la mano
y me acuesto allí
y no vuelvo más

pero otros días puedo verlo
puedo mirarme en el espejo
puedo darme cuenta de mi ausencia

y solo en esos días vivo en el mundo real
solo entonces me percato de todo

y vuelvo a sufrir
vuelvo a llorar

es un círculo que gira
constante
implacable

y lo único que me tranquiliza
de este ir y venir

es la certeza que siempre podré volver a sonreír
siempre podré agarrar mi brújula
y volver a un puerto seguro

en este mar tormentoso de mi cerebro

en este océano en movimiento

en mis neuronas

Perpetua felicidad

los años han pasado

el tiempo al final es el maestro
y yo una alumna rebelde

rebelde
pero con la perseverancia suficiente
con la fuerza necesaria

atada a la resiliencia

caigo
pero me vuelvo a levantar

a veces un vacío gigante me atrapa

a veces esa necesidad me vuelve loca

la necesidad de tener algo
alguien
lo que sea que pueda ocupar cada espacio de mi cerebro
que me rescate de sentir la ausencia
de escuchar el silencio

pero sobrevivo

(resucito después de morir cien veces)

y entonces me inyecto de este oxígeno que me hace falta
 (ese que solo yo puedo fabricar)

y me pinto sonrisas

me las pinto con mi propio pincel
y con tintas robadas de instantes en los que pude ser un día
feliz

siempre existirá en mí la maldita (perfectamente maravillosa)
obsesión

siempre tendré parte libre en mi cerebro
para llenarlo con lo que más amo

pero quiero concentrarme en lo que puedo hacer con esto
no en lo que no podré hacer jamás

así que he de ser feliz
porque se pierde tiempo en cada instante triste

se pierde tiempo que nunca más volverá

¡seré feliz!

¡seré feliz incluso en medio de lágrimas!

¡seré perpetuamente feliz!

Epílogo

Por **Antonio Martín**

Todo ser humano padece o ha padecido de una obsesión en mayor o menor grado a lo largo de su vida. Pero, ¿qué es una obsesión? Si entramos en consideraciones psicológicas nos diría que es una idea, palabra o imagen la cual se fija en nuestras mentes de forma permanente y dominados por ella, siendo repetitiva sin poder reprimir o evitar con facilidad. En resumida cuenta, la obsesión es un asedio de una idea fija que con persistencia asalta nuestra mente.

Cada persona es un mundo, pero en el mundo de las personas con TEA (Trastorno del Espectro Autista) el mundo tiene innumerables satélites y muchos de ellos son comportamientos repetitivos en forma de obsesiones; desde la comida, el ruido, el silencio, rutina, la luz... Y una larga lista.

Julieta Ax con la sutil manera de enfocar el autismo, nos pone en el camino, con este libro, para entender un poco más las obsesiones dentro del autismo.

Personalmente creo que llamar obsesiones a los comportamientos repetitivos de las personas con TEA no corresponde totalmente con la realidad ya que, pienso que muchas de estas obsesiones son más bien un gran interés por conocer, y profundizar en el conocimiento de las cosas. Un ejemplo de ello es la propia autora de este libro que profundiza en el estudio de las obsesiones dentro del autismo, llevándonos a diversos modos de comportamientos. Pero lo más importante es que la propia escritora al tener TEA muestra una obsesión prodigiosa por escribir, y aquí podríamos parar y hacer un paréntesis para examinar con detalle esta observación.

¿Es obsesión este impulso literario por dar a conocer todo lo que ella sabe y siente en propia carne sobre el mundo del autismo? ¿O por lo contrario es únicamente un enorme interés? Hoy en día se ha estudiado los comportamientos de muchos sabios y genios que han quedado en la historia. Ejemplo de ellos tendríamos a Albert Einstein, Isaac Newton, Mozart, Beethoven, Enmanuel Kant y Christian Andersen, y un largo etcétera. Todos ellos en mayor o menor medida tuvieron algún tipo de TEA, y todos ellos tenían la mal llamada obsesión. Porque si llamamos obsesión a todo aquello que nos interesa en gran medida y profundizamos en ello con ahínco y perseverancia nos podríamos considerar obsesivos.

Es indudable, así mismo, que estos comportamientos conllevan una enorme carga de dolor, desesperación, ansiedad y angustia al "No poder controlar la mente porque no tienes la llave..., y si la tuvieras ¿acaso lo harías?".

Así mismo, en muchos autistas la obsesión es "un escape, le da tranquilidad, calma mucho su ansiedad".

Julieta Ax en este didáctico poemario, nos lleva de forma simple y entendible a comprender un poco más este mundo del autismo con todas sus obsesiones más allá de consideraciones científicas, dejando este hermoso legado en su libro "Perpetua obsesión".

Y Samira expresó:

"Siempre existirá en mí la maldita

(perfectamente maravillosa)

obsesión".

Agradecimientos

Agradezco a mi mamá, por cuidarme siempre con mucho cariño. A mi marido, por soportar todas mis rarezas y esforzarse por comprenderme cada día más. A mi querida Yone que me sacó de la oscuridad inmensa regalándome no solo un diagnóstico, sino un espejo y la llave para un universo antes tan desconocido por mí.

Sobre la autora

Julieta Ax es el seudónimo de Vania C. Machado, que nació en 1982 en una pequeña ciudad ubicada en el centro de Brasil. De pequeña le gustaba escribir poesía y cuentos, pero recién a los 14 años tomó el gusto por la lectura. El responsable no fue ningún poeta, sino la increíble escritora Agatha Christie.

En 2003 ella se casó con un chileno e inmediatamente se enamoró del idioma español, por eso casi todos sus escritos están en este idioma. En este momento su ciudad de residencia es Santiago de Chile.

A los 31 años recibió el diagnóstico de autismo y en 2018 autopublicó sus primeros libros en Amazon. Obsesionada con la escritura, ya tiene muchas obras publicadas en la plataforma Wattpad y en Amazon. Aunque lo que más escribe es la poesía, le encanta escribir libros sobre el autismo, microcuentos, e historias de amor y de ciencia ficción.

Es maestra de profesión, pero lo que más le gusta es el arte en todas sus formas. La música, el mar y los viajes son sus intereses favoritos y por eso siempre están presentes en lo que escribe.

En redes sociales:

@julietaax.oficial en Instagram

Julieta Ax en Facebook

@AxJulieta en Twitter

@julieta.ax en TikTok

Julieta Ax en Goodreads

Otros libros de Julieta Ax para tus próximas lecturas:

☐ Un día con autismo

☐ Adultos con autismo: La realidad

☐ Perpetua obsesión

☐ Grito autista 1, 2 y 3

☐ Esculpiendo versos en tus pupilas

☐ Cartas del Pacífico

☐ Copos de nieve

☐ Nunca antes escribí poemas de amor

☐ Autismo: Consejos en primera persona

☐ Cuentéame: El niño preguntón

☐ ¿Y si volviéramos a los 80?

☐ Calihue

☐ Viaje Autista

☐ 27

Si te gustó, ¡no te olvides de dejar tu opinión en Amazon!

Made in the USA
Columbia, SC
25 July 2024